LAFCADIO HEARN

In einem japanischen Garten

Aus dem Englischen übertragen
von Berta Franzos

Mit Holzschnitten und
Tuschzeichnungen
alter japanischer Künstler

Manesse Verlag
Zürich

I

Mein kleines zweistöckiges Häuschen am Ōhashigawa, zierlich wie ein Vogelbauer, erwies sich als allzu klein für einen behaglichen Aufenthalt während der heißen Jahreszeit – denn seine Zimmer waren kaum höher als Schiffskabinen und so eng, daß man kein ordentliches Moskitonetz darin aufspannen konnte. So leid es mir tat, auf die schöne Aussicht zu verzichten, schien es mir doch ratsam, in den nördlichen Stadtteil in eine sehr ruhige, hinter der alten Schloßruine gelegene Straße zu ziehen. Mein neues Haus nun ist ein katchiū-yashiki, die einstmalige Schloßresidenz eines Samurai von hohem Rang. Von der Straße, oder eigentlich Landstraße, die den Burggraben entlang zieht, ist es durch eine lange, hohe Ziegelmauer abgeschlossen. Über eine breite Steintreppe steigt man zu dem Tor empor, das fast so groß ist wie das eines Tempelhofs. Rechts vom Tore, aus der Mauer vorspringend wie ein plumper Holzkäfig, befindet sich ein vergittertes «Luginsland».

Von dort hielten in der Feudalzeit bewaffnete Lehnsleute scharfe Ausschau nach allen Vorübergehenden und blieben dabei selbst unsichtbar, denn die Gitterstäbe sind so dicht aneinandergefügt, daß man von der Straße aus kein Gesicht dahinter wahrnehmen kann. Auch im Innern ist der Zugang zu dem Gebäude von beiden Seiten mit Mauern umgeben, so daß Besucher, wenn sie nicht gerade zu den Bevorzugten gehörten, zumeist nichts zu sehen bekamen, als den mit weißen shōji verschlossenen Hauseingang. Wie bei allen Samuraischlössern ist das eigentliche Wohnhaus nur einen Stock hoch, aber es enthält vierzehn sehr hohe, geräumige und schöne Zimmer. Seeaussicht oder sonst irgendein anmutiger Landschaftsblick bietet sich dem Auge nicht; über die Ziegelmauer der Fassade sieht man, halb verdeckt von einem Fichtenpark, einen Teil des o-shiroyama mit dem Schloß auf seinem Gipfel, aber nur einen Teil davon, und kaum fünfzig Meter hinter dem Hause ragen dicht bewaldete Höhen empor, die nicht nur den Horizont abschneiden, sondern auch einen großen Himmelsstreifen. Für diese Einbuße wird man jedoch reichlich entschädigt durch eine wunderschöne Gartenanlage oder eigentlich einen Komplex von Gärten, die das Gebäude auf drei Seiten umgeben. Große Veranden erheben sich darüber, und von der Ecke einer derselben kann ich das liebliche Bild zweier Gärten zugleich genießen. Bambus- und Binsengeflechte mit breiten türlosen Öffnungen in der Mitte markieren die Grenzen der drei Lustgärten; aber diese Gebilde sind nicht wirkliche Hekken oder Zäune, sie sind rein ornamental und sollen nur andeuten, wo ein Stil der Landschaftsanlage endet und ein anderer beginnt.

II

Nun einige Worte über japanische Gärten im allgemeinen.

Nachdem ich gelernt habe – nur durch Anschauung, denn die praktische Aneignung der Kunst erfordert neben einem natürlichen und instinktiven Schönheitssinn Jahre des Studiums und der Erfahrung –, wie die Japaner ihre Blumen ordnen, kann ich die Begriffe, die man in Europa von der Blumendekoration hat, nicht anders als vulgär finden.

Diese Anschauung ist nicht das Resultat eines aufflammenden Enthusiasmus, sondern eine Überzeugung, die ich durch langjährigen Aufenthalt im Innern des Landes gewonnen habe. So ist mir die unsagbare Lieblichkeit eines einzelnen Blütenzweiges erst aufgegangen, als ich ihn so angeordnet sah, wie ihn nur ein Japaner anordnen kann. Dies geschieht nicht durch einfaches Hineinpfropfen des Zweiges in eine Vase, sondern durch wiederholtes, vielleicht eine Stunde dauerndes liebevolles Mühen, zärtliches Probieren und Vergleichen, bis mit dem Zweig die größtmögliche Schönheitswirkung erzielt wird. Und deshalb scheint mir das, was wir Abendländer ein «Bouquet» nennen, nichts anderes zu sein, als ein roher Blumenmord – eine Beleidigung des Farbensinns, eine Brutalität, ein Greuel. Ebenso und aus demselben Grunde erscheinen mir – seitdem ich erfahren habe, was ein altjapanischer Garten ist – unsere prunkvollen Gärten daheim nur als ein Beispiel dafür, was der Reichtum an Geschmacklosigkeit und die Natur vergewaltigende Ungeheuerlichkeit zutage fördern kann.

Ein japanischer Garten nun ist kein Blumengarten; er ist auch nicht zum Zwecke der Pflanzenkultur angelegt. In neun Fällen von zehn ist darin nichts zu sehen, was einem Blumenbeete gleicht. In manchen Gärten sieht man kaum einen grünen Zweig, andere enthalten überhaupt nichts Grünes, sondern bestehen ausschließlich aus Felsen, Kieseln und Sand, aber solche gehören zu den Ausnahmen. In der Regel ist ein japanischer Garten ein Landschaftsgarten, aber seine Anlage ist an kein bestimmtes Raumausmaß gebunden. Er kann ein oder mehrere Ar bedecken, aber er kann auch nur zehn Fuß im Quadrat haben. In besonderen Fällen kann er sogar noch weit kleiner sein; denn eine gewisse Art von japanischen Gärten ist sogar so winzig, um in einer toko-no-ma Platz zu finden. Solche Gärten in einem Gefäß, das kaum größer ist als eine Fruchtschale, heißen koniwa oder toko-niwa. Man sieht sie gelegentlich in der toko-no-ma kleiner, dürftiger Behausungen, die zwischen anderen Gebäuden so eingezwängt sind, daß kein Raum für einen Garten im Freien vorhanden ist. Ich sage «Garten im Freien», weil manche große japanische

Häuser sowohl zu ebener Erde als auch im Obergeschoß Gärten im geschlossenen Raum haben.

Der toko-niwa befindet sich gewöhnlich in irgendeinem seltsamen Napf, einem geschnitzten, flachen Kästchen oder in wunderlich geformten Gefäßen, für die es im Abendland keine entsprechende Bezeichnung gibt. Darin sind winzige Hügel aufgerichtet, mit winzigen Häuschen darauf; da sind auch mikroskopische Weiher und Flüßchen, von kleinen, niedlichen Brückchen überspannt; und wunderliche Zwerggewächse figurieren als Bäume und seltsam geformte Kiesel als Felsen. Da sind auch kleine tōrō, ja vielleicht sogar auch ein kleiner torii, kurz, ein entzückendes und lebendes Modell einer japanischen Landschaft.

Eine wesentliche Vorbedingung für das Verständnis eines japanischen Gartens ist, daß man ein Auge für die Schönheit der Steine hat; nicht etwa für die von Menschenhand behauenen, gemeißelten Steine, sondern einfach für die von der Natur geformten. Ehe du nicht fühlen kannst, wirklich fühlen kannst, daß Steine Charakter haben,

Töne und Werte, kann sich dir der ganze künstlerische Sinn eines japanischen Gartens nicht erschließen. Bei dem Fremden, wie ästhetisch er auch veranlagt sein mag, muß dieses Gefühl erst durch Studium ausgebildet werden. Dem Japaner ist es angeboren. Die Seele der Rasse versteht die Natur unvergleichlich besser als wir, wenigstens in ihren sichtbaren Formen. Ein Abendländer, ein Fremder kann nur dann zum wahren Verständnis der Schönheit der Steine gelangen, wenn er sich mit der Art, wie die Japaner sie auswählen und verwenden, vertraut gemacht hat. Gelegenheit zu Studien solcher Art bietet sich ihm auf Schritt und Tritt, wenn er im Innern des Landes lebt. Man kann keine Straße passieren, ohne daß sich einem solche Probleme zur Ästhetik der Steine aufdrängen. Bei den Anstiegen zu Tempeln, auf Heerstraßen, vor heiligen Hainen, Parks und Gartenanlagen ebenso wie auf Friedhöfen sieht man überall große, unregelmäßige, flache Naturblöcke aus Felsengestein – zumeist aus den Flußbetten und ganz ausgewaschen –, mit eingemeißelten Ideogrammen, aber unbehauen. Sie sind als Votivtafeln, Gedenksteine oder Grabsteine aufgerichtet worden und weit kostbarer als die üblichen behauenen Steinsäulen oder haka, mit den eingemeißelten Reliefabbildungen von Gottheiten. Man sieht auch vor den meisten Altären, ja selbst in der Umgebung der meisten großen Gehöfte große, unregelmäßige, von der Stromgewalt ausgewaschene Naturblöcke aus Granit oder anderem Felsgestein, die durch eine runde Aushöhlung ihrer Oberfläche zu Wasserbassins, chōzubachi, umgewandelt wurden.

Dies sind nur alltägliche Beispiele von der Verwendung der Steine in den ärmsten Dörfern. Wer künstlerisches Gefühl besitzt, muß unfehlbar früher oder später erkennen, um wieviel schöner diese natürlichen Formen sind, als irgendwelche von der Hand des Steinmetzen geformten Steine. Es ist auch mehr als wahrscheinlich, daß du dich schließlich so an den Anblick der in die Felsen eingegrabenen Inschriften gewöhnt haben wirst, daß du dich unwillkürlich dabei ertappst, nach Texten oder Eingravierungen selbst da zu suchen, wo solche unmöglich sind, so als ob Ideogramme naturnotwendig zur Felsformation gehörten. Dann werden die Steine vielleicht anfangen, dir ein bestimmtes individuelles oder physiognomisches Bild zu bieten und Gefühle und Stimmungen zu suggerieren, wie dies bei den Japanern der Fall ist. In der Tat, Japan ist, wie hochvulkanische Länder so häufig, ganz besonders das Land der suggestiven Steinformen, und zweifellos sprachen diese Formen zu der Phantasie dieser Rasse zu einer Zeit, die weit hinter jener liegt, von der die alte Überlieferung erzählt, «daß Dämonen in Izumo waren, die Felsen, Baumwurzeln, dem Laub und dem Schaum grüner Wasser Sprache verliehen».

Wie es in einem Lande, in dem die suggestive Kraft der Naturformen so erkannt wird, natürlich ist, gibt es in Japan viele Steine, die man für heilig oder verhext hält, oder denen wunderbare Zauberkraft zugeschrieben wird, wie der Frauenstein im Tempel des Hachiman in Kamakura oder der Sesshō-seki oder Totenstein in Nasu und der Reichtum spendende Stein in Enoshima, vor denen die Pilger ihre Andacht verrichten. Ja, es gibt sogar Legenden von Steinen, die Empfindung gezeigt haben sollen, wie die Überlieferung von den Nickenden Steinen, die sich vor dem Mönch Daita verneigten, als dieser ihnen das Wort Buddhas predigte, oder die uralte Geschichte aus dem «Kojiki», die berichtet, wie der Kaiser Ōjin in seinem erlauchten Rausche seinen erhabenen Stab auf einen mitten auf der Straße nach Ōsaka liegenden Stein mit aller Kraft niedersausen ließ, *worauf der Stein davonlief.*

Steine werden also um ihrer Schönheit willen sehr hoch geschätzt; große Steine, die wegen ihrer Form ausgewählt wurden, können einen ästhetischen Wert von vielen hundert Dollar haben. Und große Steine bilden das Gerüst im Plan der alten japanischen Gärten. Nicht nur wird jeder einzelne Stein mit besonderer Rücksicht auf die Ausdrucksfähigkeit seiner Form ausgewählt, sondern jeder einzelne Stein in dem Garten selbst oder der Umgebung hat seinen eigenen individuellen Namen, der auf seinen Zweck oder seine dekorative Aufgabe hinweist.

III

Im japanischen Garten sieht man nirgends den Versuch einer unwahrscheinlichen oder rein idealen Landschaft. Seine künstlerische Absicht ist es, den schlichten Reiz einer wirklichen Landschaft getreu zu kopieren und den unverfälschten Eindruck einer solchen wirklichen Landschaft hervorzurufen. Er ist deshalb zugleich ein Gemälde und ein Gedicht – vielleicht sogar mehr ein Gedicht als ein Gemälde. Denn gleich wie die Natur in ihren wechselnden Szenerien in uns Gefühle der Freude, des Feierlichen, des Grauens oder der Anmut, der Kraft oder des Friedens hervorruft, so muß ihr getreues Spiegelbild in dem Werke des Landschaftsgärtners nicht nur einen Schönheitseindruck hervorrufen, sondern auch eine Stimmung in unserer Seele wecken. Die großen Landschaftsgärtner, jene buddhistischen Mönche, die diese Gartenkunst zuerst in Japan eingeführt und sie dann zu einer fast okkulten Wissenschaft ausgebildet haben, gestalteten ihre Theorien noch weiter aus. Sie hielten es für möglich, in der Anlage eines Gartens moralische Lehren zum

Ausdruck zu bringen, ebenso auch abstrakte Ideen wie Keuschheit, Treue, Kindesliebe, Zufriedenheit, Ruhe, Beschaulichkeit und eheliches Glück. Deshalb wurden die Gärten jeweils nach dem Charakter ihres Besitzers verschieden entworfen, je nachdem dieser ein Krieger, Dichter, Philosoph oder Priester gewesen ist.

In diesen uralten Gärten – ach, ihre Kunst verschwindet jetzt immer mehr unter dem verdorrenden Einfluß des uniformen, banalen abendländischen Geschmacks – war eine Naturstimmung ausgedrückt und zugleich auch irgendeine individuelle orientalische Seelenstimmung.

Ich weiß nicht, welche menschliche Empfindung der Hauptteil meines Gartens veranschaulichen soll – und niemand kann mir darüber Auskunft geben, denn seine Erbauer sind schon seit vielen Generationen auf der ewigen Seelenwanderung begriffen. Aber als Naturgedicht bedarf er keines Interpreten. Er beherrscht die Fassade gegen Süden und dehnt sich auch westlich bis zum nördlichen Teil des Gartens aus, von dem er durch eine seltsame Heckenwand teilweise getrennt ist.

Große moosüberwucherte Felsen sind darin und allerlei phantastische steinerne Wasserurnen und alte geschwärzte Steinlaternen und ein shachihoko, wie man sie auf der Spitze von Giebeldächern alter Schlösser sieht – ein großer Steinfisch, ein idealisiertes Meerschwein, mit dem Rüssel am Boden und dem Schwanz in der Luft. Da sind auch Miniaturhügel mit alten Bäumen und lange Hänge, von blühenden Sträuchern überschattet wie Flußufer, und dann wieder begrünte, rundliche Hügel wie Inselchen. Alle diese grünenden Anhöhen ragen aus seidenweichen, blaßgelben Sandstreifen empor, die die Krümmungen und Windungen eines Stromlaufs nachahmen. Diese Sandstreifen werden nicht betreten, dazu sind sie allzu schön, der geringste Schmutzfleck würde den Eindruck stören, und es bedarf der ganzen geschulten Kunstfertigkeit eines erfahrenen japanischen Gärtners – dieser hier ist ein reizender alter Mann –, um die Zeichnung immer in tadellosem Zustand zu erhalten. Nach verschiedenen Richtungen werden sie auch von Reihen unbehauener Felsblöcke durchschnitten, die in kleinen, unregelmäßigen Entfernungen wie Schrittsteine über einen Bach gelegt sind. Das Ganze macht den Eindruck stiller Gestade in irgendeiner weltfernen, lieblich träumerischen Gegend.

Nichts stört die Illusion, so abgeschieden ist der Garten. Hohe Mauern und Hecken schließen ihn von der Straße ab; und die Sträucher und Bäume, die sich gegen das Ende des Gartens immer mehr verdichten und höher hinaufragen, verdecken selbst das Dach des benachbarten katchiū-yashiki. Von weicher Schönheit sind die zitternden Blätterschatten auf dem besonnten Sand, jeder linde Windhauch bringt den süßen, zarten Blumenduft, und Bienensummen erfüllt die Luft.

IV

Der Buddhismus unterscheidet alle Dinge in «hijō» – Dinge ohne Wunsch, wie Steine und Bäume – und «ujō» – Dinge, die Wünsche haben, wie Menschen und Tiere. Diese Einteilung ist, soviel ich weiß, in der geschriebenen Philosophie der Gärten nicht ausgesprochen, aber sie ist sehr zutreffend. Die Volksmythe meines kleinen Reiches erzählt sowohl von dem Belebten als auch von dem Unbelebten. Nach der natürlichen Ordnung mag zuerst von den «hijō» die Rede sein, wobei wir mit einem seltsamen Strauch nahe dem Eingang des yashiki und dicht beim Tore des ersten Gartens beginnen wollen.

Hinter dem Tore fast jedes alten Samuraihauses, und gewöhnlich neben dem Eingang zur eigentlichen Wohnung, sieht man ein Bäumchen mit großen eigentümlichen Blättern. In Izumo heißt dieser Baum tegashiwa, und vor meiner Türe steht ein solcher. Seine wissenschaftliche Bezeichnung kenne ich nicht, und auch über die Etymologie der japanischen Bezeichnung bin ich nicht im klaren, aber es gibt ein Wort «tegase», das Handfessel bedeutet, und die Form der Tegashiwablätter hat eine gewisse Ähnlichkeit mit der Form einer Hand.

In alten Zeiten nun war es Sitte, daß man, wenn ein Samurai-Lehnsmann sein Haus verlassen mußte, um seinem daimyō Gefolgschaft nach Yedo zu leisten, ihm unmittelbar vor seiner Abreise einen gebratenen Barsch vorsetzte, der auf einem Tegashiwablatt aufgetragen sein mußte. Nach diesem Abschiedsmahle hängte man das Blatt, auf welchem der Fisch serviert worden war, als guten Zauber für die unversehrte Rückkehr des tapferen Ritters über der Türe auf. Dieser hübsche Aberglaube, der sich an die Tegashiwablätter knüpft, hat aber seinen Ursprung nicht bloß in der Form dieser Blätter, sondern auch in ihrer Bewegung. Denn wenn der Wind über sie hinstreicht, scheinen sie zu winken – freilich nicht nach abendländischer Weise, aber so, wie ein Japaner einem Freunde bedeutet, heranzukommen, indem er die Hand sachte hin und her schwingt, die Handfläche zu Boden gerichtet.

Ein anderer Strauch, den man in japanischen Gärten findet, ist der nanten *(Nandina domestica)*, an den sich ein sehr seltsamer Glaube knüpft. Wenn man einen bösen Traum hat, einen Traum von übler Vorbedeutung, soll man ihn am frühen Morgen dem Nanten zuflüstern, und er wird dann nicht in Erfüllung gehen. Es gibt zwei Arten dieser anmutigen Pflanze: eine trägt rote Beeren, die andere weiße. Die letztere ist selten. In meinem Garten wachsen beide Arten.

Die gewöhnliche Art steht dicht an meiner Veranda (vielleicht zur Bequemlichkeit der Träumer), die andere steht in einem kleinen Blumenbeet in der Mitte des Gartens neben einem winzigen Zitronenbäumchen. Dieses Bäumchen wird wegen der merkwürdigen Form seiner zierlichen Früchte «Buddhas Hand» genannt. Daneben steht eine Art Lorbeerbaum mit lanzenförmigen Blättern, die einen bronzeartigen Glanz haben. Die Japaner nennen ihn yuzuri-ha, und man findet ihn in den alten Gärten der Samuraihäuser ebenso häufig wie den tegashiwa selbst. Man hält ihn für einen Baum von guter Vorbedeutung, denn keines seiner alten Blätter fällt ab, ehe nicht ein neues, das hinter ihm hervorgesprossen ist, sich vollkommen entfaltet hat. So symbolisiert der yuzuri-ha die Hoffnung, daß der Vater nicht eher verscheiden wird, als bis sein Sohn ein kraftvoller Mann geworden ist, wohl geeignet, das Familienoberhaupt zu ersetzen. Deshalb werden an jedem Neujahrstage die Blätter des yuzuri-ha, mit Farnwedeln vermischt, an das shimenawa befestigt, das dann vor jedem Haus in Izumo aufgehängt wird.

V

An alle Bäume ebenso wie an die Sträucher knüpfen sich eigene, seltsame Poesien und Legenden. Wie die Steine hat auch jeder Baum und Strauch seinen speziellen Landschaftsnamen, je nach seiner Stellung und seiner Aufgabe in der Komposition. Ebenso wie Felsen und Steine das Gerüst des Grundplans eines Gartens bilden, so bilden die Kiefern das Skelett seiner Laubzeichnung. Sie geben dem Ganzen Rückgrat. In diesem Garten stehen fünf Kiefern – nicht in phantastische Formen gepreßte Kiefern, sondern Kiefern, die durch lange, unermüdliche Pflege und Behandlung zu wundersam malerischer Wirkung gebracht worden sind. Die Aufgabe des Gärtners bestand darin, ihre natürliche Tendenz zu zackigen Linien und Nadelmassen bis zur äußersten Möglichkeit zu entwikkeln, dieses dunkelgrüne Nadellaub, das die japanische Kunst nie müde wird, in Intarsien und Goldlack nachzubilden. Die Kiefer ist ein symbolischer Baum in diesem Land der Symbolik. Immergrün, ist sie zugleich das Sinnbild nie wankender Entschlossenheit und kraftvollen Alters, und ihren Nadeln wird die Macht zugeschrieben, Dämonen zu verscheuchen.

In dem Garten sind auch zwei sakuranoki, japanische Kirschbäume, die, wie Professor Chamberlain so richtig schreibt, «über allen Vergleich lieblicher sind, als irgend etwas, das das Abendland aufweisen kann». Man liebt und kultiviert viele Arten. Diejenigen in meinem Garten tragen Blüten vom zartesten Rosenrot, gleichsam einem rosig angehauchten Weiß. Wenn die Bäume im Frühling in Blüte stehen, ist es, als wären Massen von rosigen Federwölkchen vom Himmel herabgeschwebt, um sich an die Bäume zu schmiegen. Dieser Vergleich ist keine poetische Übertreibung, er ist auch nicht originell; vielmehr ist er eine alte japanische Beschreibung der wunderbarsten Blütenentfaltung, die die Natur zu bieten vermag. Der Leser, der niemals blühende Kirschbäume in Japan gesehen hat, kann sich unmöglich den Zauber eines solchen Anblicks vorstellen. Man sieht keine grünen Blätter – diese kommen erst später –, nur eine einzige, herrliche, überquellende Blütenfülle, die jeden Zweig

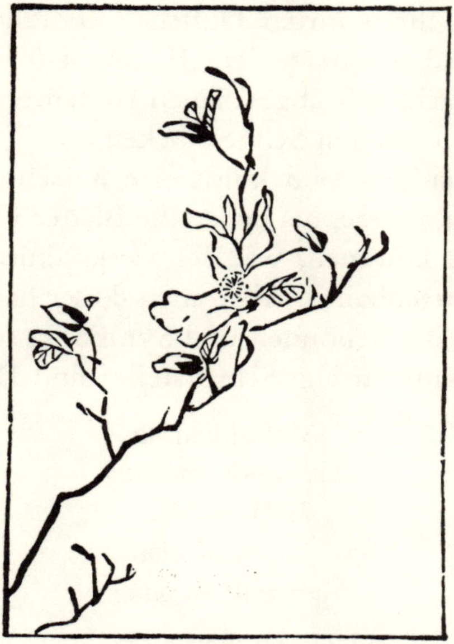

Ast in ihren zarten Duftschleier hüllt, und der Boden unter jedem Baum ist über und über dicht mit abgefallenen Blüten bedeckt, wie mit rosigen Schneeflocken.

Aber dies sind kultivierte Kirschbäume. Es gibt andere, bei denen die Blätter vor den Blüten kommen, wie der yamazakura oder Bergkirschbaum. Aber auch dieser hat seine Poesie der Schönheit und Symbolik; so sang der shintōistische Schriftsteller und Dichter Motowori:

Shikishima no
Yamato-gokoro wo
Hito towaba,
Asa-hi ni niou
Yamazakura bana.

(Fragt man dich,
wie das Herz eines wahren Japaners
beschaffen ist,
deute auf die wilde Kirsche,
die in der Sonne duftet.)

Die japanischen Kirschbäume sind Symbole, gleichviel, ob sie kultiviert sind oder nicht. Die der alten Samuraigärten waren nicht nur ihrer Lieblichkeit wegen hochgeschätzt. In ihren makellosen Blüten sah man das Sinnbild jener Gefühlszartheit und Lebensreinheit, die die höchste Blüte der Höflichkeit und echten Ritterlichkeit ist. «Wie die Kirschblüte die erste unter den Blumen ist», so sagt ein altes Sprichwort, «so sollte der Krieger der erste unter den Männern sein.»

Das westliche Ende dieses Gartens überschattend und seine weichen, dunklen Äste über die Öffnung der Veranda streckend, steht ein prachtvoller umenoki – ein japanischer Pflaumenbaum, sehr alt und zweifellos so wie in anderen japanischen Gärten nur wegen des Schauspiels seiner Blütenpracht hierher gepflanzt. Das Blühen des umenoki im Vorfrühling ist sicherlich kaum weniger wunderbar als das des Kirschbaumes, das erst einen vollen Monat später erfolgt; und seine Blütenentfaltung wird durch allgemeine öffentliche Festtage gefeiert. Aber wenn auch diese Blüten die gepriesensten sind, so sind sie doch nicht die einzigen, die so geliebt werden. Die Vistaria, der Convolvulus, die Päonie entfalten, jede zu ihrer Zeit, eine Blütenpracht, die anziehend genug ist, um die ganze Bevölkerung aus der Stadt aufs Land zu locken. In Izumo ist das Blühen der Päonien besonders wunderbar; der berühmteste Ort für dieses Schauspiel ist die kleine Insel Daikonshima in der großen Nakaumi-Lagune, ungefähr eine Stunde von Matsue. Im Mai erglüht die ganze Insel von roten Päonien, und selbst den Mädchen und Knaben der öffentlichen Schulen wird ein Feiertag gewährt, um sich dieses Schauspiels zu freuen.

Obgleich die Pflaumenblüte sicherlich eine Schönheitsrivalin der sakura-no-hana ist, vergleicht der Japaner die Schönheit der Frau – die physische Schönheit – immer nur mit der Kirschblüte, nie mit der Pflaumenblüte, wohingegen Frauentugend und Sanftmut immer mit der ume-no-hana, nie mit der Kirschblüte verglichen wird. Es ist ein großer Irrtum zu behaupten – wie dies viele Schriftsteller getan haben –, daß die Japaner nie daran denken, die Frau mit Bäumen und Blumen zu vergleichen. Mädchenanmut vergleicht man mit einer biegsamen Weide, Jugendreiz mit einem blühenden Kirschbaum, Herzensgüte mit dem blühenden Pflaumenbaum. Fürwahr, die alten japanischen Dichter haben die Frauen mit allen schönen Dingen verglichen. Ja, sie haben sogar für alle ihre Posen, ihre Bewegungen Gleichnisse bei den Blumen gesucht.

Tateba shakuyaku;
Suwareba botan;
Aruku sugata wa
Himeyuri no hana.

(Stehend ist sie eine shakuyaku;
sitzend eine botan;
und die Anmut ihrer Gestalt beim Gehen
gleicht dem Reiz einer himeyuri.)

Ja, sogar die Namen der schlichtesten Landmädchen sind oft die der schönsten Bäume und Blumen, denen das ehrfurchtsvolle «O» vorgesetzt ist: O-Matsu (Fichte), O-Také (Bambus), O-Umé (Pflaume), O-Hana (Blüte), O-Iné (junge Reisähre), abgesehen von den berufsmäßigen Blumennamen der Tänzerinnen und jorō.

Man hat mit großem Nachdruck geltend gemacht, daß der Ursprung bestimmter, auf Mädchen übertragener Baumnamen eher auf die Vorstellung von Bäumen als Symbole für Langlebigkeit, Glück oder Erfolg, als auf irgendeine allgemeine Idee der Schönheit des Baumes selbst zurückgeführt werden müsse. Aber wie dem auch sein mag, heute bieten die Poesie, der Gesang und die Sprichwörter reiche Beweise dafür, daß die japanischen Vergleiche der Frauen mit Blumen und Bäumen keineswegs unseren ästhetischen Gefühlen nachstehen.

VI

Daß Bäume, wenigstens japanische Bäume, eine Seele haben, kann dem, der das Blühen des umenoki oder sakuranoki gesehen hat, nicht als unnatürliche Vorstellung erscheinen. Dieser Glaube ist in Izumo und auch anderswo allgemein verbreitet. Er steht mit der buddhistischen Philosophie nicht im Einklang, aber in gewissem Sinne scheint es, als stünde er der kosmischen Wahrheit näher als unsere abendländische orthodoxe Auffassung von den Bäumen als «Dingen, die zum Nutzen der Menschen geschaffen seien». Überdies haben sich noch allerlei Formen alten Aberglaubens über bestimmte Bäume erhalten, ungefähr so, wie sie auch in Westindien existieren, wo sie einen guten Einfluß ausgeübt haben, indem sie die Zerstörung kostbarer Holzarten verhinderten. Wie überall in der Tropenwelt, gibt es auch in Japan gespenstische Bäume. Von diesen werden der enoki (Celtis Wildenowiana) und der yanagi (Trauerweide) als besonders geisterhaft angesehen, und man findet sie nur selten in altjapanischen Gärten. Beiden wird die Kraft des Heimsuchens zugeschrieben. «Enoki ga bakeru», sagt man in Izumo. In einem japanischen Wörterbuch wird das Wort «bakeru» durch Ausdrücke wie «verwandeln», «umgestalten» und so weiter übersetzt; aber die Vorstellung, die man mit diesen Bäumen verknüpft, ist sehr eigentümlich und kann durch eine solche Wiedergabe des Verbums «bakeru» nicht erschöpfend erklärt werden. Der Baum selbst verändert weder Gestalt noch Platz, aber ein Gespenst, ki-no-obaké, löst sich von dem Baum und geht in verschiedenen Verkleidungen einher. Am häufigsten nimmt das Phantom die Gestalt eines schönen Weibes an. Der Baumgeist spricht sehr selten und wagt es auch nur selten, sich von seinem Baum sehr weit zu entfernen. Naht man ihm, so schlüpft er sogleich wieder in den Stamm oder das Laub zurück. Man sagt, wenn ein junger enoki oder ein alter yanagi gefällt wird, fließe aus der Schnittwunde Blut. Man glaubt, daß diese Bäume, wenn sie sehr jung sind, keine übernatürliche Kraft haben, daß sie aber mit zunehmendem Alter immer gefährlicher werden.

Es gibt eine sehr hübsche Legende – sie erinnert an den alten Traum der Griechen von den Dryaden – über eine Weide, die in dem Garten eines Samurai in Kyōto stand. Weil er ihre gespenstische Natur kannte, wollte der Besitzer den Baum fällen lassen. Aber ein anderer Samurai überredete ihn, von seinem Vorsatz abzugehen, indem er sagte: «Verkaufe ihn lieber mir, und ich werde ihn in meinen Garten pflanzen. Glaube mir, dieser Baum hat eine Seele, und es wäre grausam, sein Leben zu zerstören.» Der Samurai willigte ein. Also verkauft und verpflanzt gedieh der yanagi und blühte in der neuen Heimat, und sein Geist nahm aus Dankbarkeit die Gestalt eines schönen Weibes an und wurde die Gattin des Samurai, der sie befreit hatte. Ein schöner Knabe entsprang dieser Verbindung. Einige Jahre später gab der daimyō, dem das Grundstück gehörte, Befehl, den Baum zu fällen. Da weinte die Frau bitterlich und gestand dem Manne, wie es sich mit ihr verhielt. «Und nun weiß ich, daß ich sterben muß, aber unser Kind wird leben, und du wirst es immer liebhaben. Dieser Gedanke ist mein einziger Trost.» Vergebens suchte der betrübte und erschreckte Gatte sie zurückzuhalten. Ihm für ewig Lebewohl sagend, verschwand sie in den Baum. Es ist überflüssig zu sagen, daß der Samurai alles aufbot, um den daimyō von seinem Vorsatz abzubringen, aber der Fürst brauchte den Baum für die Restaurierung eines großen buddhistischen Tempels, des San-jū-san-gen-dō. Man fällte also den Baum, aber im Fallen wurde er plötzlich so schwer, daß dreihundert Männer ihn nicht vom Platze heben konnten. Da nahm das Kind einen Zweig in sein kleines Händchen und sagte: «Komm», und alsbald folgte ihm der Baum, über den Boden gleitend, zum Tempel.

Es kommt vor, daß ein Baum, obgleich man ihn für einen bakemonoki hält, doch der höchsten religiösen Ehren teilhaftig wird; denn man glaubt, daß der Geist des Gottes Koshin, dem alte Puppen geweiht werden, in gewissen, sehr alten enoki lebe, und vor diesen werden Altäre erbaut, und das Volk betet davor.

VII

Der zweite Garten, auf der Nordseite, ist mein Lieblingsgarten. Er enthält keine großen Gewächse, ist mit blauen Kieseln gepflastert, und seinen Mittelpunkt bildet ein kleiner, von seltenen Pflanzen eingerahmter Weiher – ein Miniatursee – mit einem winzigen Inselchen, Zwergbergen und ebensolchen Pfirsichbäumchen, Fichten und Azaleen, von denen einige vielleicht mehr als hundert Jahre alt sind, obgleich ihre Größe kaum einen Fuß beträgt. Nichtsdestoweniger erscheint dieses Werk, wenn man es so ansieht, wie es nach der ursprünglichen Absicht seines Schöpfers angeschaut werden soll, dem Auge keineswegs in Miniaturverhältnissen. Von einer bestimmten Ecke des Gästezimmers aus gesehen empfängt man vielmehr den

Eindruck eines wirklichen Seeufers mit einer wirklichen Insel dahinter.

So scharfsinnig war die Kunst des alten Gärtners, der all dies geschaffen und der nun wohl schon hundert Jahre unter den Zedern des Geshōji schlummert, daß der Trug nur von dem zashiki aus durch eine ishidōrō oder Steinlaterne, die sich auf der Insel befindet, herauszufinden ist. Die Dimension der ishidōrō verrät die falsche Perspektive, und ich glaube, daß sie, als der Garten angelegt wurde, nicht dort stand.

Hier und dort am Rande des Teiches und beinahe in einem Niveau mit dem Wasserspiegel liegen große, flache Steine, auf denen man entweder stehen oder hocken kann, um die Bewohner des Sees oder die Wasserpflanzen zu betrachten. Dort sind wunderschöne Wasserlilien, deren glänzend grüne Blätterscheiben ölig auf der Wasserfläche schwimmen *(Nuphar Japonica),* und zweierlei Lotospflanzen in großer Anzahl; solche, die rosige, und solche, die reinweiße Blumen haben. Dem Ufer entlang wachsen Schwertlilien mit violett schimmernden Blüten und verschiedenartige ornamentale Gräser, Farnkräuter und Moosarten. Aber der Teich ist hauptsächlich ein Lotosteich; die Lotosblumen bilden seinen größten Reiz. Es ist ein Genuß, jede Phase ihres wundersamen Wachstums zu beobachten, von dem ersten Aufrollen ihrer Blätter bis zur letzten Blütenentfaltung. Einen besonders interessanten Anblick bieten sie dem Beobachter an einem Regentage. Ihre großen becherförmigen Blätter wiegen sich über dem Weiher. Sie fangen den Regen auf und behalten ihn eine Weile, aber immer, wenn das Wasser in dem Blatt eine bestimmte Höhe erreicht, neigt sich der Stengel, und das Blatt leert die Flüssigkeit mit einem lauten Platschen aus und richtet sich dann wieder auf. Regentropfen auf einem Lotosblatt sind eine sehr beliebte Vorlage für japanische Metallarbeiten, und nur die Metallarbeit kann den Effekt wiedergeben, denn die Farbe und Bewegung des Wassers, das über die grüne ölige Fläche hinspielt, ist ganz wie die des Quecksilbers.

VIII

Der dritte Garten, der sehr groß ist, dehnt sich über das Gehege mit dem Lotosteich bis zum Fuß der bewaldeten Hügel aus, welche die nördliche und nordöstliche Grenze dieser alten Samuraiheimstätte bilden. Früher war dieser ganze ebene Raum von einem Bambushain bedeckt, aber jetzt ist er kaum mehr als eine Wüste, von Unkraut und wilden Blumen überwuchert. In dem nordöstlichen Winkel ist ein herrlicher Quell, aus dem eiskaltes Wasser durch einen sehr sinnreich angelegten Aquädukt von Bambusrohren ins Haus geleitet wird. Und am Nordwestende, von hohem Unkraut verdeckt, steht ein winziger Inari-Altar, vor dem zwei kleine Steinfüchse sitzen. Der Altar und die Figuren sind abgeschürft und geborsten und dicht mit grünem Moos übersponnen. Aber auf der Ostseite des Hauses ist noch ein kleines, zu dieser großen Abteilung des Gartens gehöriges Bodenviereck bebaut. Es ist in seinem ganzen Umfang der Kultur der Chrysanthemen gewidmet, die zum Schutz gegen Regengüsse und Sonnenbrand durch schräges, shōjiförmiges Rahmenwerk aus leichtem Holz mit weißen Papierscheiben bedeckt sind.

Ich kann nicht wagen, dem vielen, was über diese wundersamen Produkte der Blumenkultur schon gesagt wurde, noch irgend etwas hinzuzufügen, möchte mir aber nicht versagen, eine kleine Geschichte, die sich auf Chrysanthemen bezieht, hier anzuführen.

Es gibt in Japan einen Ort, wo es als ein übles Omen angesehen wird, Chrysanthemen anzupflanzen, aus Gründen, die ich gleich erwähnen werde. Dieser Ort ist das hübsche Städtchen Himeji in der Provinz Harima. In Himeji stehen die Ruinen eines großen Schlosses mit dreißig Türmchen. Dort pflegte ein daimyō zu wohnen, der ein Einkommen von 156000 koku Reis hatte.

In dem Hause des Hauptvasallen eines dieser daimyōs nun lebte ein Dienstmädchen aus anständiger Familie namens O-Kiku. Und der Name «Kiku» bedeutet Chrysantheme. Viele wertvolle Dinge waren ihrer Obhut anvertraut, darunter zehn kostbare goldene Schüsseln. Eine derselben wurde plötzlich vermißt und konnte nicht aufgefunden werden. Das dafür verantwortliche Mädchen war außerstande, seine Unschuld zu beweisen und ertränkte sich in seiner Verzweiflung in einem Brunnen. Aber allnächtlich kehrte sein Geist zurück, und man konnte hören, wie es schluchzend langsam die Schüsseln zählte:

«Ichi-mai	Yo-mai	Shichi-mai
Ni-mai	Go-mai	Hachi-mai
Sam-mai	Roku-mai	Ku-mai –»

Dann erscholl ein verzweifelter Aufschrei, und die klagende Stimme des Mädchens fuhr unter strömenden Tränen mit dem Zählen der Schüsseln fort: «Eins – zwei – drei – vier – fünf – sechs – sieben – acht – neun –»

Sein Geist ging in den Körper eines seltsamen kleinen Insektes über, dessen Kopf einem Gespenst mit aufgelöstem Haar gleicht; man nennt es O-Kiku-mushi oder «die Fliege der O-Kiku», und es heißt, es komme außer in Himeji nirgends vor. Ein berühmtes Theaterstück wurde über O-Kiku geschrieben, das auf allen Volksbühnen unter dem Titel «Banshu-O-Kiku-no-Sara-yashiki» oder «Das Haus der Schüssel der O-Kiku von Banshu» aufgeführt wird.

Einige behaupten nun, Banshu sei der verballhornte Name eines alten Viertels in Tokio (Yedo), wohin die Geschichte verlegt wurde. Aber die Bewohner Himejis sagen, daß der Stadtteil, der jetzt Go-Ken-Yashiki genannt wird, mit dem Standplatz des alten Gebäudes identisch ist. Was aber sicherlich auf Wahrheit beruht, ist, daß es in dem genannten Viertel als unglückbringend betrachtet wird, Chrysanthemen zu pflanzen, denn der Name O-Kiku bedeutet Chrysantheme. Deshalb kultiviert, wie man mir sagt, dort niemand Chrysanthemen.

IX

Nun kommen die ujō, die Wünsche habenden Dinge, die diese Gärten bewohnen, an die Reihe.

Es gibt dort vier Arten von Fröschen: drei davon bevölkern den Lotosteich und eine lebt in den Bäumen. Der Baumfrosch ist ein sehr hübsches Geschöpfchen von wunderbarer grüner Farbe. Sein schriller Schrei klingt beinahe so wie die Stimme der Zikade, und man nennt ihn «amagaeru» oder Regenfrosch, weil sein Quaken wie das seiner Sippe in anderen Ländern auch Regen prophezeit. Die Lotosteich-Frösche heißen «babagaeru», «shinagaeru» und «tōnosangaeru». Von diesen Arten ist die erstgenannte die größte und häßlichste. Ihre Farbe ist sehr widerlich, und ihr voller Name («babagaeru» ist eine Abkürzung) ist ebenso widerwärtig wie ihre Farbe. Der shinagaeru oder «der gestreifte Frosch» ist auch nicht hübsch, es sei denn im Vergleich zu dem vorerwähnten Geschöpf. Der tōnosangaeru hingegen – nach einem berühmten daimyō so genannt, dessen Andenken mit Pracht und Glanz verknüpft ist – ist sehr schön und prächtig bronzerot gefärbt.

Außer diesen Froscharten lebt in dem Garten noch ein gewisses plumpes, glotzäugiges Tier, das «hikigaeru» genannt wird. Hikigaeru ist die allgemeine Bezeichnung für Kröte. Dieses Geschöpf kommt fast täglich ins Haus, um gefüttert zu werden, und es hat selbst vor Fremden keine Furcht. Meine Leute betrachten es als einen glückbringenden

Gast, und man schreibt ihm die Kraft zu, alle Moskitos des Zimmers in seine Mundhöhle zu befördern, indem es bloß den Atem einzieht. Obwohl es in der Wertschätzung der Gärtner und mancher anderer Leute so hoch steht, erzählt doch eine Legende aus alter Zeit von einer Koboldkröte, die durch solches bloßes Einziehen des Atems nicht Insekten, sondern Menschen verschlang.

Der Weiher ist auch von vielen kleinen Fischen bevölkert, von imori oder Wassermolchen mit hellroten Bäuchen; und Massen kleiner Wasserkäfer, «maimaimushi» genannt, die unaufhörlich so schnell über die Wasserfläche einherwirbeln, daß es beinahe unmöglich ist, ihre Form genau zu unterscheiden. Ein Mensch, der unter der Einwirkung hochgradiger Erregung ziel- und zwecklos umherläuft, wird darum mit einem maimaimushi verglichen. Und es sind auch ein paar schöne Schnecken mit gelben Streifen auf ihren Gehäusen da. Die japanischen Kinder singen ein reizendes Liedchen, das die Kraft haben soll, die Schnecken zum Herausstrecken ihrer Hörner zu bewegen:

Daidamushi, daidamushi, tsuno chitto dashare!
Ame kaze fuku kara tsuno chitto dashare!

(Schnecke, Schnecke, komm heraus
und strecke deine Hörner aus.
Es regnet, der Wind bläst,
darum streck deine Fühler ein wenig aus.)

Seit altersher war der Hausgarten immer der Tummelplatz für die Kinder der besseren Klassen, ebenso wie der Tempelhof der der Kinder der Armen ist. Im Garten erfahren die Kleinen zuerst etwas von dem merkwürdigen Leben der Pflanzen und den Wundern der Insektenwelt, und dort lehrt man sie auch jene hübschen Überlieferungen, Märchen und Lieder von Vögeln und Blumen, die einen so reizenden Teil der japanischen Volkssage bilden. Da die häusliche Erziehung des Kindes hauptsächlich der Mutter zufällt, wird ihm schon frühzeitig die Lehre eingeprägt, gut gegen Tiere zu sein. Die Folgen davon zeigen sich in späteren Jahren sehr deutlich. Freilich sind auch japanische Kinder nicht ganz frei von jenem Hang zur Grausamkeit, der als ein Überbleibsel primitiver Instinkte den Kindern aller Länder eigen ist.

Aber in dieser Hinsicht zeigt sich der moralische Unterschied der Geschlechter schon in der frühesten Kindheit. Die liebevolle Frauenseele verrät sich schon im Kinde. Japanische Mädchen, die mit Insekten oder anderen kleinen Tieren spielen, verletzen diese selten und geben sie gewöhnlich frei, wenn sie sich eine Weile mit ihnen vergnügt haben. Kleine Knaben aber sind durchaus nicht so gutherzig, wenn sie sich unbeobachtet glauben. Aber sieht sie jemand eine Grausamkeit verüben, so trachtet er bei ihnen Scham über ihre Handlungsweise zu erwecken und verfehlt nicht, ihnen die Warnung des Meisters zuzurufen: «Wenn du grausam bist, wird deine zukünftige Geburt unglücklich sein.»

Irgendwo zwischen den Felsen im Weiher lebt eine kleine Schildkröte – sie muß wohl von den früheren Hausbewohnern zurückgelassen worden sein. Sie ist sehr hübsch, läßt sich aber oft wochenlang nicht blicken. In der Volksmythologie ist die Schildkröte die Dienerin der Gottheit Kompira, und wenn ein frommer Fischer eine Schildkröte findet, schreibt er auf ihren Rücken die Lettern: «Dienerin der Gottheit Kompira», läßt sie einen Schluck Sake trinken und gibt sie dann frei. Man glaubt, daß Schildkröten gerne Sake trinken.

Manche sagen, daß nur die Land- oder Steinschildkröte die Dienerin der Kompira sei, die Seeschildkröte dagegen die Dienerin des Drachenreichs auf dem Meeresgrunde. Man schreibt der Schildkröte die Fähigkeit zu, mit ihrem Atem eine Wolke, einen Nebel oder einen prachtvollen Palast hervorzaubern zu können. Sie kommt in der alten Volkssage von dem Fischer Urashima vor. Man glaubt an eine hundertjährige Lebensdauer der Schildkröten, weshalb in der japanischen Kunst das gewöhnliche Symbol der Langlebigkeit die Schildkröte ist. Aber die Schildkröte, wie sie von einheimischen Malern und Künstlern dargestellt wird, hat einen eigentümlichen Schwanz oder eigentlich eine Menge kleiner Schwänzchen, die sich hinter ihr ausbreiten wie die Fransen eines Strohregenmantels (mino), weshalb sie «minogame» genannt wird. Nun, einige der in dem heiligen buddhistischen Weiher gehaltenen Schildkröten erreichen ein erstaunliches Alter, und gewisse Wasserpflanzen heften sich

an ihren Panzer und schleifen bei ihren Bewegungen hinter ihnen her. Man führt den Ursprung des Minogamemythos auf die Bemühungen der alten Künstler zurück, die Erscheinung solcher Schildkröten mit den ihnen anhaftenden Algen bildlich zu veranschaulichen.

X

Im Frühsommer sind die Frösche erstaunlich zahlreich, und bei Anbruch der Dunkelheit machen sie einen unbeschreiblichen Lärm. Aber mit jeder Woche wird ihr nächtliches Getöse immer schwächer, weil sich ihre Schar durch die Angriffe ihrer zahlreichen Feinde immer mehr lichtet. Eine große Familie von Nattern, manche von ihnen wohl drei Fuß lang, bricht zeitweilig in die Kolonie ein. Bei dem kläglichen Schrei der Opfer eilt, wenn irgend tunlich, jemand von den Hausbewohnern zur Hilfe herbei, und mein Dienstmädchen hat so manchem Frosch das Leben gerettet, indem sie durch einen Klaps mit einem Bambusstab diese Nattern zwang, ihre Beute loszulassen. Diese Schlangen sind ausgezeichnete Schwimmer. Sie huschen ganz ungeniert überall im Garten herum, aber nur an heißen Tagen. Keiner meiner Leute würde es sich einfallen lassen, sie zu verletzen oder gar zu töten. In Izumo heißt es, daß es Unglück bringe, eine Schlange ohne zwingenden Grund zu vernichten. «Wenn Sie eine Schlange ohne Grund töten», versichert mir ein Bauer, «werden Sie später ihren Kopf in der komebitsu (dem Behälter, in dem man Reis aufbewahrt) finden, wenn Sie den Deckel abnehmen.»

Aber die Schlangen verschlingen verhältnismäßig wenig Frösche; ihre erbarmungslosesten Vertilger sind Krähen und der schamlose rote Milan. Es ist auch ein allerliebstes Wiesel da, das unter der kura (Souterrain) lebt und sich selbst angesichts des Hausherrn ungescheut Frösche oder Fische aus dem Teich herausholt. Wir haben auch eine Katze, die Streifzüge in meine Vorratskammer macht, ein abgefeimter Bandit, ein Meisterdieb, den ich vergebens von seinen räuberischen Einbrüchen abzuschrecken suche; teilweise wegen ihrer Immoralität, zum Teil auch, weil diese Katze zufällig einen langen Schwanz hat, steht sie in dem üblen

Ruche, eine nekomata oder Koboldkatze zu sein. Freilich kommt in Izumo manche Katze schon mit einem langen Schwanz zur Welt, aber man duldet nicht, daß sie damit groß wird. Denn die natürliche Anlage der Katzen ist, ein Kobold zu werden, und die Anlage zu einer solchen Metamorphose kann nur durch das Abschneiden des Schwanzes im zartesten Kätzchenalter unterdrückt werden. Ob mit oder ohne Schwanz, Katzen sind Magier und haben die Kraft, Leichen tanzen zu machen. «Füttere einen Hund drei Tage und er wird deiner Güte drei Jahre eingedenk sein; füttere eine Katze drei Jahre und sie vergißt deine Güte in drei Tagen!» sagt ein japanisches Sprichwort. Katzen sind boshaft, sie zerreißen die Matten, machen Löcher in die shōjis und wetzen ihre Klauen an den Säulen der tokonoma. Katzen sind fluchbeladen: einzig die Katze und die giftige Schlange weinten nicht beim Tode Buddhas; und sie werden nie in die Seligkeit des gokuraku eingehen. Aus allen diesen und anderen Gründen, die ich nicht alle anführen kann, sind die Katzen in Izumo nicht beliebt und müssen den größten Teil ihres Lebens im Freien zubringen.

XI

Nicht weniger als elf Schmetterlingsarten haben in den letzten Tagen die Umgebung des Lotosweihers aufgesucht. Die gewöhnlichste Spezies ist schneeig weiß. Man glaubt, daß sie besonders von der nanohana oder Rapspflanze angezogen wird, und bei ihrem Anblick singen die kleinen Mädchen:

Chō-chō, chō-chō, na no ha ni tomare;
Na no ha ga iyenara, te ni tomare.

(Schmetterling, Schmetterling,
laß dich auf das Rapsblatt nieder.
Aber magst du das Rapsblatt nicht,
dann laß dich bitte auf meiner Hand nieder.)

Aber das interessanteste Insekt ist sicherlich die Zikade. Diese japanischen Grillen sind noch viel merkwürdigere Sänger als selbst die wunderbaren Zikaden der Tropen – und sie ermüden einen weniger, denn es gibt während der ganzen warmen Jahreszeit fast für jeden Monat eine andere Art von Zikaden, jede mit einer ganz besonderen Singweise. Ich glaube, es existieren sieben verschiedene Arten, aber ich habe nur vier davon kennengelernt. Die erste, die sich in meinen Bäumen hören läßt, ist die natsuzemi oder Sommerzikade: Ihr Ton klingt wie die Silbe *ji,* die in einem langsamen zirpenden Crescendo zu einem Schrillen wie dem einer Dampfpfeife anwächst und wieder zu einem Zirpen verhaucht. Dieses *ji-i-i-iiiiiii* ist so ohrenbetäubend, daß, wenn zwei natsuzemi dem Fenster nahekommen, ich gezwungen bin, sie fortzuscheuchen. Glücklicherweise folgt der natsuzemi bald die minminzemi, eine viel bessere Sängerin, deren Name ihrem wunderbaren Ton abgelauscht ist. Man sagt von ihr, sie singe wie ein buddhistischer Priester, der das kyō rezitiert, und wirklich, wenn man sie zum erstenmal vernimmt, kann man kaum glauben, bloß eine Zikade zu hören. Die minminzemi wird im Frühherbst von einer schönen, grünen Zikade abgelöst, der higurashi, die einen seltsamen klaren Ton hat, wie ein rasches Glöckchengeläute – *kana-kana-kana-kana-kana.* Aber als der wunderbarste Gast kommt später die tsuku-tsuku-bōshi. Ich glaube, dieses Geschöpfchen kann in der ganzen Welt der Zikaden keinen Rivalen haben – sein Singen gleicht genau dem Vogelsang. Ihr Name ist ebenso wie der der minminzemi onomatopoetisch; aber in Izumo wird der Klang ihres Gesanges so wiedergegeben:

Tsuku-tsuku-uisu,
Tsuku-tsuku-uisu,
Tsuku-tsuku-uisu,
Ui-osu,
Ui-osu,
Ui-osu,
Ui-os-s-s-s-s-s-s-s-u.

Die Zikaden sind jedoch nicht die einzigen Musikanten des Gartens. Zwei bemerkenswerte Geschöpfe schließen sich ihrem Orchester an. Das erste ist ein leuchtend grüner Grashüpfer, den Japanern unter dem seltsamen Namen «hotoke-no-uma» oder «das Totenpferd» bekannt. Die Kopfform dieses Insekts hat einige Ähnlichkeit mit einem Pferdekopf, daher sein Name. Es ist dies ein seltsames, zutrauliches Geschöpfchen, das sich ohne Sträuben in die Hand nehmen läßt und es sich bei seinen häufigen Besuchen im Hause ganz behaglich macht. Es gibt einen sehr dünnen Laut von sich, den die Japaner als eine Wiederholung der Silben jun und ta bezeichnen. Und der Name «junta» wird manchmal dem Grashüpfer selbst gegeben. Das andere Insekt ist auch eine grüne Heuschrecke, die etwas größer und auch scheuer ist. Man nennt sie «gisu», wegen ihres Gesanges:

Chon,
Gisu;
Chon,
Gisu;
Chon,
Gisu;
Chon . . .

Verschiedene Arten reizender Libellen (tombō) umschweben an heißen, klaren Tagen den Lotosteich. Eine Abart – das schönste Geschöpf dieser Art, das ich je gesehen, in unbeschreiblichen metallischen Farben schimmernd und geisterhaft zart – heißt «tenshi-tombō», die «Kaiserlibelle». Es gibt noch eine andere, die größte, aber nicht oft vorkommende japanische Libellenart, nach welcher die Kinder als Spielzeug fahnden. Von dieser Spezies sagt man, daß es von ihr weit mehr Männchen als Weibchen gebe, und, was ich als wahr verbürgen kann, wenn man ein Weibchen gefangen hat, kann das Männchen allsogleich durch die Ausstellung des Weibchens angelockt werden. Die Knaben suchen sich daher zuerst eines Weibchens zu bemächtigen, das sie mit einem Faden an einen Baumzweig binden, um dann ein kleines, seltsames Liedchen zu singen, dessen Worte im Original die folgenden sind:

Konna danshō Kōrai ō
Adzuma no metō ni makete
Nigeru wa haji dewa naikai?

Das bedeutet: «Du, das Männchen, König von Korea, schämst du dich nicht, vor der Königin des Ostens davonzufliegen?» (Diese Stichelei ist eine Anspielung auf die Geschichte der Eroberung von Korea durch die Kaiserin Jin-gō.) Und das Männchen kommt unfehlbar herbei und wird auch gefangen.

XII

In warmen Nächten dringen allerhand ungebetene Gäste ins Haus. Zwei Arten von Moskitos tun ihr möglichstes, uns das Leben zu verleiden. Und diese haben die Kunst gelernt, dem Lampenlicht nicht allzu nah zu kommen, aber Schwärme anderer, neugieriger, harmloser Lebewesen können nicht daran gehindert werden, ihren Tod in den Flammen zu finden. Die zahlreichsten Opfer unter all denen, die dicht wie Regenschauer hereinströmen, heißen «sanemori». Wenigstens werden sie in Izumo so genannt, wo sie in der wachsenden Reissaat großen Schaden anrichten.

Der Name sanemori nun ist seit uralten Zeiten als Name eines berühmten Kriegers des Genji-Clans bekannt. Nach einer Sage glitt das Pferd des Ritters während seines Zweikampfes mit einem Nebenbuhler unter ihm aus und fiel in ein Reisfeld, worauf sein Feind ihn übermannte und tötete. Er wurde zu einem reisvertilgenden Insekt, das von den Landleuten in Izumo immer respektvoll mit «Sanemori-San» angesprochen wird. Um das Insekt anzulocken, entzünden sie in hellen Sommernächten in den Reisfeldern Feuer, schlagen auf Gongs und lassen Flöten erschallen, wobei sie unaufhörlich singen: «O Sanemori, geruhe gnädigst zu kommen.»

Ein kannushi vollzieht einen religiösen Ritus, und dann wird eine Ritter und Roß darstellende Strohpuppe entweder verbrannt oder in den nächsten Kanal oder Fluß geworfen. Durch diese Zeremonie glaubt man die Felder insektenfrei gemacht zu haben. Dieses winzige Geschöpfchen ist fast von gleicher Größe und Farbe wie eine Reishülse. Die Sage, die sich daran knüpft, mag aus der Tatsache entstanden sein, daß sein Körper mit ausgebreiteten Flügeln einige Ähnlichkeit mit dem Helm eines japanischen Kriegers hat.

In der Reihe der Flammenopfer kommen zunächst die Nachtfalter, von denen manche sehr seltsam und schön sind. Der hervorragendste ist ein ungeheures Geschöpf, im Volksmunde «okori-chō-chō» oder «Fieberfalter» genannt, weil der Aberglaube verbreitet ist, daß er mit seinem Hereinfliegen in ein Haus immer Wechselfieber bringe. Sein Körper ist ebenso schwer und fast so kräftig wie der des größten Kolibris, und sein Sträuben in der Hand, wenn man ihn gefangen hat, überrascht durch seine Kraft. Beim Fliegen bringt er ein sehr lautes Schwirren hervor.

Die ausgebreiteten Flügel eines okori-chō-chō, den ich gemessen habe, betrugen fünf Zoll von einem Ende zum andern, schienen aber immer noch klein im Verhältnis zu dem schweren Körper. Sie waren in verschiedenen dunkelbraunen und silbergrauen Farbtönen reich gesprenkelt.

Aber viele geflügelte nächtliche Gäste vermeiden die Lampe. Der allerphantastischste unter diesen Gästen ist der «tōrō» oder «kamakiri», in Izumo «kamōkaké» genannt, eine leuchtend grüne Fangheuschrecke, die wegen ihrer Bissigkeit von Kindern sehr gefürchtet ist. Sie ist sehr groß. Ich habe Exemplare gesehen, die mehr als sechs Zoll lang waren. Die Augen der kamōkaké sind nachts glänzend schwarz, aber bei Tage sehen sie grasgrün aus wie ihr übriger Körper. Die Fangheuschrecke ist sehr intelligent und erstaunlich angriffslustig. Ich sah, wie eine, die von einem Frosch angefallen wurde, diesen Feind spielend in die Flucht jagte. Sie fiel später anderen Bewohnern des Weihers zum Opfer, aber es bedurfte der vereinten Bemühungen mehrerer Frösche, um das monströse Insekt zu überwältigen, und erst dann wurde der Sieg entschieden, als es den Fröschen gelang, es ins Wasser zu schleppen.

Andere Gäste sind Käfer von verschiedenen Farben und eine Art kleinen Rotauges, genannt «goki-kaburi», was «einer, dessen Kopf mit einer Schüssel bedeckt ist» bedeutet. Man behauptet, daß der goki-kaburi gern menschliche Augen esse, und deshalb ist er der geschworene Feind von Ichibata-Sama – Yakushi-Nyorai von Ichibata –, der Augenkrankheiten heilt. In den Augen dieses Buddhas wird es deshalb als ein verdienstvolles Werk angesehen, den goki-kaburi zu töten. Immer willkommen sind die schönen Leuchtkäfer (hotaru), die ganz geräuschlos hereinfliegen, allsogleich die dunkelste Stelle im Hause aufsuchen, gleich zart schimmernden, wie von sanfter Brise leicht bewegten Funken. Man glaubt, daß sie das Wasser sehr lieben, weshalb die Kinder folgendes Liedchen an sie richten:

Hotaru kōe midzu nomashō;
Achi no midzu wa nigaizo;
Kochi no midzu wa amaizo.

(Komm, Leuchtkäfer, ich will dir
Wasser zu trinken geben;
das Wasser jenes Ortes ist bitter,
hier aber ist es süß.)

Eine hübsche kleine Eidechse, ganz verschieden von denen, die meinen Garten gewöhnlich heimsuchen, erscheint auch nächtlicherweile und verfolgt ihre Beute den Plafond entlang. Manchmal versucht ein außerordentlich langer Tausendfüßler dasselbe, aber mit weniger Erfolg; er wird mit einer Feuerzange erfaßt und wieder hinaus in das Dunkel befördert. Sehr selten erscheint eine ungeheure Spinne – sie scheint ganz harmlos. Wird sie gefangen, stellt sie sich tot, bis sie sich unbeobachtet glaubt, um dann mit erstaunlicher Behendigkeit ihr Heil in der Flucht zu suchen. Sie ist unbehaart und ganz verschieden von der Tarantel oder «fukurogumo». Man nennt sie «miyamagumo» oder «Bergspinne». Es sind noch vier andere Spinnenarten in der Nachbarschaft verbreitet: «tenagakumo» oder «langarmige Spinne», «hiratakumo» oder «flache Spinne», «jikumo» oder «Erdspinne» und «totatekumo»

oder «türschließende Spinne». Die meisten Spinnen werden als bösartig angesehen. Im Volke heißt es: «Siehst du nachts eine Spinne, so töte sie; denn alle Spinnen, die sich nach Anbruch der Dunkelheit zeigen, sind Kobolde. Solange die Leute wach und achtsam sind, machen sich solche Geschöpfe ganz klein, aber wenn alles in festem Schlaf liegt, dann nehmen sie ihre wahre Koboldgestalt an und werden Ungetüme.»

XIII

Der hohe bewaldete Hügel hinter meinem Garten ist voller Vogelleben. Da sind wilde uguisu, Eulen, wilde Tauben, nur allzuviele Krähen und ein wundersamer Vogel, der nachts geisterhafte Laute ertönen läßt – lange tiefe Töne: «Hoo, hoo.» Man nennt ihn »awamakidori» oder «Hirse säender Vogel», weil die Landleute, wenn sie seinen Ruf hören, wissen, daß es an der Zeit ist, Hirse zu säen. Er ist ganz klein und braun, unsagbar scheu und, soviel ich weiß, ein ausgesprochener Nachtvogel. Aber selten, sehr selten vernimmt man aus diesem Wald nachts eine

Stimme, die wie im Schmerze die Silben «ho-to-to-gi-su» ruft. Der Ruf und der Name des Rufers sind ein und dasselbe: hototogisu.

Es ist ein Vogel, von dem man sich unheimliche Dinge erzählt; denn man sagt, er sei kein Geschöpf der wirklichen Welt, sondern ein Nachtwanderer aus dem Lande der Dunkelheit. Im meido ist sein Wohnort, zwischen jenen sonnenlosen Bergen von Shide, über die alle Seelen auf ihrem Wege zum Orte des Gerichts kommen müssen. Nur einmal im Jahr taucht er auf. Die Zeit seines Kommens fällt in das Ende des fünften Monats der alten Zeitrechnung nach Monden. Sobald die Bauern seine Stimme hören, sagen sie zueinander: «Nun müssen wir den Reis säen, denn der Shide-no-taosa ist zu uns gekommen.» Das Wort «taosa» bedeutet Häuptling einer mura oder eines Dorfes, da Dörfer in alten Zeiten regiert wurden. Aber warum der hototogisu «taosa von Shide» genannt wird, weiß ich nicht. Vielleicht hält man ihn für eine Seele aus irgendeinem schattenhaften Weiler der Shidehügel, wo die Geister zu rasten pflegen auf ihrem mühseligen Weg zum Reiche Emmas, des Königs der Toten.

Sein Ruf ist in verschiedener Weise gedeutet worden. Einige erklärten, der hototogisu wiederhole nicht wirklich seinen eigenen Namen, sondern frage: «Honzon kaketaka?» («Wurde der honzon aufgehängt?») Andere, die ihre Interpretation auf chinesische Weisheit stützen, behaupten, sein Ruf bedeute: «Gewiß, es ist besser, heimzukehren.» Eines ist wahr: Alle, die fern von ihrem Lande in entlegenen Provinzen die Stimme des hototogisu vernehmen, werden von Heimweh ergriffen.

«Nur bei Nacht», sagen die Leute, «vernimmt man seine Stimme.» Und zumeist in Vollmondnächten. Und er singt unsichtbar in den Höhen schwebend, weshalb ein Dichter ihn folgendermaßen besang:

Hito koe wa.
Tsuki ga naitaka
Hototogisu!

(Eine vereinzelte Stimme!
Rief der Mond?
Nur der hototogisu war's.)

Und ein anderer, Fujiwara no Sanesada, schrieb:

Hototogisu
Nakitsuru kata wo
Nagamureba –
Tada ariake no
Tsuki zo nokoreru.

(Schweift mein Blick zu der Stelle,
von wo ich den Ruf des hototogisu hörte –
siehe, nichts ist da
als die bleiche Mondsichel
im Morgengrauen.)

Der Stadtbewohner kann den hototogisu sein ganzes Leben lang nicht zu hören bekommen. Im Käfig verstummt das kleine Wesen und stirbt. Dichter harren oft vergebens von Sonnenuntergang bis zum Morgengrauen im Tau aus, um den wundersamen Ruf zu hören, der so viele herrliche Verse inspiriert hat. Aber die, die ihn vernommen, finden ihn so tieftraurig, daß sie ihn mit dem Schrei eines plötzlich tödlich Verwundeten vergleichen:

Hototogisu
Chi ni naku koe wa
Ariake no
Tsuki yori hokani
Kiku hito mo nashi.

(Niemand
als der Morgenmond
vernahm des hototogisu
herzzerreißenden Schrei.)

Was die Eulen in Izumo betrifft, werde ich mich darauf beschränken, einen Aufsatz einer meiner japanischen Schüler anzuführen:

«Die Eule ist ein hassenswerter Vogel, der im Dunkel sehen kann. Kleine Kinder, die schreien, schüchtert man mit der Drohung ein: ‹Die Eule wird dich holen!› Denn die Eule schreit: ‹Ho! ho! sorōtto kōka, sorōtto kōka?› Das bedeutet: ‹Du, soll ich langsam hereinkommen?› Sie schreit auch: ‹Noritsuke hose! ho! ho!› Das bedeutet: ‹Du, richte die Stärke her für die morgige Wäsche!› Und wenn die Frauen diesen Ruf vernehmen, wissen sie, daß der morgige Tag ein schöner sein werde. Sie ruft auch: ‹Tototo!›, ‹Der Mann

stirbt!›, und ‹Kōtokokko!›, ‹Der Knabe stirbt!› Deshalb hassen die Menschen sie. Und die Krähen hassen sie so sehr, daß man die Eule dazu benutzt, um Krähen zu fangen. Die Landleute stellen nämlich eine Eule in dem Reisfeld auf, und alle Krähen eilen herbei, um sie zu töten, und verfangen sich dabei in den Fallen. Dies sollte uns lehren, unserer Abneigung gegen andere Leute nicht allzusehr nachzugeben.»

Die Gabelweihen, die den ganzen Tag über der Stadt umherstreifen, leben nicht in der Nachbarschaft. Ihre Nester sind weit entfernt auf den blauen Gipfeln. Aber sie verbringen den größten Teil ihrer Zeit damit, Fische zu fangen und allerhand aus den Hinterhöfen zu stehlen. Sie machen in Gärten und Wäldern plötzlich räuberische Besuche und ihr unheimlicher Schrei – pi-yorōyorō, pi-yorōyorō – ertönt vom Morgengrauen bis zum Sonnenuntergang mit kleinen Unterbrechungen über der Stadt. Sie sind sicherlich die frechsten aller dieser gefiederten Geschöpfe, noch frecher sogar als selbst ihre Raubgenossen, die Krähen. Eine Gabelweihe wird sich von einer Höhe von drei

Meilen herabstürzen, um einen Tai-Fisch aus dem Bottich eines Fischhändlers oder einen Kuchen aus der Hand eines Kindes zu reißen, und wieder in die Lüfte hinaufschießen, ehe das Opfer Zeit gehabt hat, sich zu besinnen und dem Dieb einen Stein nachzuwerfen. Daher die Redensart: «So verdutzt aussehen, als hätte einem eine Gabelweihe einen aburagé aus den Händen gerissen.» Man kann gar nicht sagen, was eine Gabelweihe nicht alles zu stehlen für gut befände. So ging zum Beispiel neulich das Dienstmädchen meines Nachbarn zum Fluß und trug im Haar eine Schnur kleiner, kunstvoll aus Reiskörnern präparierter, rotgefärbter Kügelchen. Eine Gabelweihe schoß auf ihren Kopf herab, entriß ihr blitzschnell die Perlenschnur und verschlang sie. Es ist aber ein großer Spaß, diese Vögel mit toten Ratten und Mäusen zu füttern, die man in der Nacht in Fallen gefangen und hernach ertränkt hat. Sowie nur eine tote Ratte hingelegt wird, stürzt sich sogleich eine Gabelweihe aus den Lüften, um sie davonzutragen. Manchmal kann ihr eine Krähe darin zuvorkommen, aber dann muß diese auch imstande sein, sich schleunigst in den Wald zu retten, um ihre Beute in Sicherheit zu bringen. Die Kinder singen ihr das Lied:

Tobi, tobi, maute mise!
Ashita no ba ni
Karasu ni kakushite
Nezumi yaru.

(Gabelweihe, Gabelweihe,
laß mich dich tanzen sehen,
und morgen abend,
wenn die Krähe nichts davon weiß,
will ich dir eine Ratte geben.)

Die Erwähnung des Tanzes bezieht sich auf die schöne wiegende Bewegung des Flügelschlages der Gabelweihe. Diese Bewegung wird poetisch dem anmutigen Umherschweben einer maiko (Tänzerin) verglichen, wenn sie mit ausgestreckten Armen die langen wallenden Ärmel ihres seidenen Gewandes hin und her schwingt.

Obwohl sich auch eine zahlreiche Krähensubkolonie in dem Walde hinter meinem Hause eingerichtet hat, so ist das Hauptquartier der Krähen in dem Föhrenhain der alten Schloßanlagen, die ich von meinen Vorderzimmern übersehen kann. Den gesamten Krähenzug gleichzeitig jeden Abend zur selben Stunde heimfliegen zu sehen, ist ein interessantes Schauspiel, und die Volksphantasie hat dafür einen ergötzlichen Vergleich gefunden in dem wirren Durcheinander der Leute, wenn sie zu einer Feuersbrunst laufen. Dies erklärt den Sinn des Liedes, das die Kinder an die in ihr Nest zurückkehrenden Krähen richten:

Ato no karasu saki ine,
Ware ga iye ga yakeru ken,
Hayō inde midzu kake,
Midzu ga nakya yarozo,
Amattara ko ni yare,
Ko ga nakya modose.

(O säumige Krähe, spute dich,
dein Haus steht in Flammen.
Eile, Wasser darauf zu schütten;
hast du kein Wasser, will ich dir's geben,
hast du zuviel, gib's dem Kind,
hast du kein Kind, gib's mir zurück.)

Der Konfuzianismus scheint bei der Krähe Tugenden entdeckt zu haben. Es gibt eine japanische Redensart: «Karasu ni hampo no ko ari», deren Sinn ist, daß die Krähe die Kinderpflicht des hampo erfülle, oder wörtlicher, man finde bei der Krähe die kindliche Pflicht des hampo. «Hampo» heißt wörtlich «Essen zurückgeben». Man behauptet, daß junge Krähen, wenn sie kräftig genug sind, sich für die Fürsorge der Eltern dankbar erweisen, indem sie diesen Nahrung zutragen. Ein anderes Beispiel kindlicher Pietät sagt man der Taube nach: «Hato ni sanshi no rei ari», die Taube sitzt drei Zweige unter ihren Eltern, oder wörtlich: «Die Taube hat die Drei-Zweige-Etikette zu vollziehen.»

Der Schrei der wilden Taube (yamabato), den ich fast täglich aus dem Wald vernehme, ist der süßeste Klageton, den ich je gehört habe. Die Landleute in Izumo sagen, der Vogel rufe folgende Worte:

Tété
poppō,
Kaka
poppō,
Tété
poppō,
Kaka
poppō,
Tété ...

Und wirklich, merkt man genau auf, wird man finden, daß es sich tatsächlich so verhält.

«Tété» ist das Kinderlallen für «Vater» und «kaka» für «Mutter», poppō bedeutet in der Kindersprache «Brust».

Wilde uguisu verschönen mir oft den Sommer mit ihrem Gesang und fliegen manchmal ganz nahe an das Haus heran, offenbar angezogen von dem Tirilieren meines Lieblings im Käfig. Die uguisu kommen in dieser Provinz sehr häufig vor. Sie suchen alle Wälder und heiligen Haine in der Umgebung der Stadt auf, und ich habe während der warmen Jahreszeit nie eine Reise durch Izumo gemacht, bei der mir nicht aus irgendeinem lauschigen Versteck seine Stimme entgegengeschallt hätte. Aber freilich, es gibt uguisu und uguisu. Man kann schon einen um einen oder zwei Yen haben, aber der abgerichtete, zahme Käfigsänger kann auch einen Preis von nicht weniger als hundert Yen erreichen.

In einem kleinen Dorftempel hörte ich zum ersten Male von einem seltsamen Aberglauben, der über dieses zarte Geschöpfchen verbreitet ist. Der japanische Sarg, in dem die Leiche zur Beerdigung getragen wird, ist ganz verschieden von dem abendländischen Sarg. Es ist dies eine kleine würfelförmige Kiste, in der der Tote in sitzender Stellung untergebracht wird. Wie der Körper irgendeines Erwachsenen in einem so engen Raum Platz finden kann, ist jedem Fremden ein Rätsel. In Fällen ausgesprochener Totenstarre fällt die Aufgabe, die Leiche in dem Sarg unterzubringen, selbst dem Berufs-dōshinbōzu oft sehr schwer. Aber die frommen Bekenner der Nichiren-Sekte glauben, daß ihr Körper nach dem Tode vollkommen biegsam bleiben wird, und sie verkünden auch, daß der tote Körper eines uguisu niemals steif werde, denn dieser kleine Vogel gehöre zu ihrem Glauben und bringe sein Leben damit zu, die Sutra des Lotos des Guten Gesetzes in seinem Sang zu preisen.

XIV

Mein kleines Reich ist mir schon allzusehr ans Herz gewachsen. Täglich, wenn ich von meinen Schulpflichten heimkehre und meine

Lehreruniform mit dem soviel bequemeren japanischen Kleid vertauscht habe, finde ich reichliche Entschädigung für die Anstrengung meines fünfstündigen Klassenunterrichts in dem schlichten Vergnügen, mich auf die schattige Veranda zu hocken, die mir den Ausblick über die Gärten gewährt. Jene hochbemoosten alten Gartenmauern mit ihren geborstenen Ziegeln scheinen sogar das Echo des Stadtlebens auszuschließen. Man hört keinen Laut – nur Vogelstimmen oder das Zirpen der Zikaden und in langen, träumerischen Pausen das vereinzelte Platschen eines untertauchenden Frosches. Aber diese Mauern schließen mich von weit mehr ab als von dem Lärm der Stadtstraßen. Jenseits von ihnen braust das moderne Japan der Telegraphen, Zeitungen und Dampfschiffe; diesseits umfängt mich die friedvolle Ruhe der Natur und die Träume des sechzehnten Jahrhunderts. Schon in der Luft liegt ein unsagbarer Zauber. Die vage Empfindung, von etwas Unsichtbarem lieblich umschwebt zu sein; vielleicht der geisterhafte Hauch toter Frauen, die wie die Damen in den alten Bilderbüchern aussehen und die hier lebten, als noch

katchiū-yashiki mit seinen Gärten – verschwunden sein, ehe viele Jahre ins Land gehen. Schon sind viele weit größere und schönere Gärten als der meinige in Reisfelder und Bambushaine umgewandelt worden. Und die wunderliche Stadt Izumo, endlich von einer jener langprojektierten Eisenbahnlinien erfaßt – vielleicht schon innerhalb der nächsten zehn Jahre –, wird wachsen, anschwellen, sich ausdehnen, alltäglich werden und diese Grundflächen für Fabriken und Mühlen in Anspruch nehmen. Ach, nicht diese Provinz allein scheint dem Lose verfallen, ihren alten Frieden und Zauber einzubüßen. Denn vergänglich sind alle Dinge, insbesondere in Japan; aber die Wandlungen und die, die sie hervorrufen, werden sich immer wieder und wieder wandeln, bis kein Raum mehr für sie da sein wird – und alles Klagen ist eitel. Die tote Kunst, die die Schönheit dieses Ortes schuf, war auch zugleich die Kunst jenes Glaubens, dem der trostbringende Text angehört: *«Wahrlich, selbst Pflanzen und Bäume, Felsen und Steine – alle werden sie in das Nirwana eingehen.»*

Anmerkungen

Die mit * gekennzeichneten Anmerkungen stammen von Lafcadio Hearn.

Seite

5 *Ōhashigawa:* Name eines Flusses.
katchiū-yashiki: Haus eines Fürsten.

6 *shōji:* mit Papier bespannter Holzrahmen; Papierschiebetür.
o-shiroyama: Schloßanlage.

9 *Ausnahmen**: Wie der von Conder angeführte, zum Bischofspalast in Tokuwamonji gehörige Garten, der zur Erinnerung an sagenhafte Steine angelegt wurde, von denen man erzählt, daß sie sich bei der Verkündigung der Lehre Buddhas zustimmend verneigten. In Togo-ike, im Bezirk Tottori, sah ich einen sehr großen Garten, der fast nur aus Steinen und Sand bestand. Die Absicht des Erbauers bei der Anlage des Gartens war, beim Besucher den Eindruck hervorzurufen, als nähere er sich dem Meer über einen Rand von Dünen – und die Illusion war sehr täuschend.
toko-no-ma: Schmucknische; Nische mit erhöhtem Fußboden; Ehrenplatz innerhalb eines Raumes.

10 *tōrō:* mit Papier oder Stoff bespannte Lampen.
torii: Ein rot bemaltes Tor, das vor dem Haupteingang eines Shintoschreins steht.

13 *haka:* Grabstein.

15 *«Kojiki»:* Chronik des japanischen Reiches; eine Sammlung von Mythen, Genealogien, Sagen und historischen Berichten. Ältestes Denkmal der japanischen Literatur (niedergeschrieben um 712 n. Chr.).

20 *shachihoko:* Der shachihoko soll das Haus vor Feuer schützen.

22 *yashiki:* großes, prächtiges Haus.
daimyō: Fürst.
Yedo: alter Name Tokios.
*einen gebratenen Barsch**:* Der prächtige Barsch, «tai» genannt (Serranus marginalis), der an der Küste Izumos so verbreitet ist, wird nicht nur mit Recht als der wohlschmeckendste aller japanischen Fische gepriesen, sondern gilt auch als Glücksemblem. Er wird bei Hochzeiten und Verlobungen als zeremonielle Gabe verwendet. Die Japaner nennen ihn auch «König der Fische».

23 *nicht in Erfüllung gehen**:* Als der glücklichste aller Träume wird in Izumo der Traum vom Fuji, dem Heiligen Berg, angesehen. Zunächst gilt als gutes Omen, von einem Falken (taka) zu träumen. An dritter Stelle der guten Träume kommt

die Eierpflanze (nasubi). Sehr glückbringend ist es, von der Sonne oder dem Mond zu träumen, aber mehr noch von den Sternen. Eine junge Frau muß sich sehr glücklich preisen, wenn sie träumt, einen Stern verschluckt zu haben, denn dies bedeutet, sie werde Mutter eines sehr schönen Knaben werden. Von einer Kuh zu träumen, ist ein gutes Omen, auch von einem Pferd, aber dies bedeutet eine Reise. Auch von Regen oder Feuer zu träumen ist gut. Von manchen Träumen gilt in Japan, wie im Abendland, daß das Gegenteil in Erfüllung geht, weshalb es als gutes Omen angesehen wird, zu träumen, daß einem das Haus verbrennt, daß man einem Leichenbegängnis beiwohnt, selbst gestorben ist oder mit dem Gespenst eines Verschiedenen gesprochen zu haben. Mancher Traum von guter Vorbedeutung für eine Frau ist von schlechter Bedeutung, wenn ihn ein Mann träumt. So zum Beispiel ist es für eine Frau gut, zu träumen, ihre Nase blute, aber für einen Mann ist dies sehr schlecht. Von Geld zu träumen, bedeutet drohenden Verlust. Vom hoi oder irgendeinem Flußwasserfisch zu träumen, ist das allerschlimmste; dies ist eigentlich seltsam, denn in anderen Teilen Japans gilt der hoi als Glückssymbol.

24 *yuzuri-ha*:* «yuzuru» bedeutet «zugunsten eines anderen resignieren»; «ha» heißt «Blatt».

24 *shimenawa:* Ein aus Stroh geflochtenes Seil, das die Unreinheit aussperren soll.

28 *Bergkirschbaum*:* Von dieser Bergkirsche existiert eine launige Redensart, welche die Vorliebe der Japaner für Wortspiele illustriert. Um sie ganz würdigen zu können, müßte der Leser wissen, daß die japanischen Substantiva keinen Unterschied zwischen Einzahl und Mehrzahl haben. Das Wort «ha» kann je nach der Aussprache entweder «Blätter» oder «Zahn» bedeuten und das Wort «hana» entweder «Blüten» oder «Nase». Der yamazakura läßt seine ha (Blätter) vor seinen hana (Blüten) hervorsprießen. Weshalb ein Mann, dessen ha (Zähne) vor seiner hana (Nase) vorspringen, yamazakura genannt wird.

Motowori: Motoori Norinaga (1730–1801); Schriftsteller und Gelehrter, schrieb das 48 Bände umfassende Werk «Kojikiden», ein Kommentar des «Kojiki».

29 *umenoki*:* Es gibt drei bemerkenswerte Arten: eine trägt rote, eine rosa und weiße und eine reinweiße Blüten.

30 *Matsue:* Stadt am Japanischen Meer.

sakura-no-hana: Kirschblüte.

ume-no-hana: Pflaumenblüte.

mit einer biegsamen Weide:* Der Ausdruck «yanagi goshi», «eine Weidentaille», ist einer der vielen gebräuchlichen Vergleiche für eine schlanke Gestalt mit einem Weidenbaum.

31 *shakuyaku*:* Paeonia albiflora. Der Name bedeutet «zarte Schönheit». Der Vergleich mit der botan kann nur von jemandem ganz gewürdigt werden, der diese japanische Blume genau kennt.

Himeyuri:* Einige sagen «keshiyuri (Mohn) statt «himeyuri». Die letztere ist eine anmutige Lilienart (Lilium callosum).

«O»:* Bei den höheren Klassen der heutigen japanischen Gesellschaft ist es nicht üblich, das respektvolle «O» vor Mädchennamen zu setzen. Und man gibt auch den Töchtern keine prätentiösen Namen. Aber auch bei den Klassen der respektablen ärmeren Familien sind die den Geishas ähnelnden Namen unbeliebt. Aber die oben angeführten sind gute, wohlanständige und alltägliche Namen.

jorō: Prostituierte.

33 *in verschiedenen Verkleidungen einher*:* Satow ist bei Hirata auf einen Glauben gestoßen, der mit diesem entfernte Verwandtschaft zu zeigen scheint: die seltsame Shintōlehre, nach der ein göttliches Wesen durch Selbstspaltung Teile seines Selbst abwerfen und auf diese Weise die sogenannten «Wakimi-tama», die geteilten Geister, mit selbständiger Funktion hervorbringt. Der

große Gott von Izumo, Ohokuni-nushi no Kami, soll nach Hirata drei solche «geteilte Geister» haben: seinen rohen Geist (Ara-mi-tama), der straft, seinen sanften Geist (Nigi-mi-tama), der verzeiht, und seinen segnenden oder wohltätigen Geist (Sakimi-tama). Eine shintōistische Erzählung berichtet, daß einstmals der rohe Geist dieses Gottes seinem sanften Geist begegnete, ohne ihn zu erkennen.

35 *San-jū-san-gen-dō*:* Vielleicht der imposanteste aller buddhistischen Tempel in Kyōto, der Kwannon mit den tausend Händen geweiht, der 33 333 Bilder von ihr enthalten soll.

37 *Geshōji:* Geshō-Tempel.
zashiki: Gästezimmer.

41 *koku:* 1 koku entspricht einer Menge von ca. 180 l; das Einkommen der Fürsten und ihrer Gefolgsleute wurde in koku Reis gerechnet.

46 *Daidamushi ... dashare!*:* Man glaubt, die Schnecke habe feuchtes Wetter sehr gern, und jemand, der viel im Regen auszugehen liebt, wird mit einer Schnecke verglichen.

48 *Fischer Urashima*:* Siehe Professor Chamberlains Version in der Serie «Japanische Märchen» mit entzückenden Illustrationen eines einheimischen Künstlers. Deutsch von Prof. Florenz: «Dichtergrüße aus dem Osten».

52 *gokuraku:* Paradies.

54 *kyō:* die Bücher, in denen die Lehre Buddhas steht.

tsuku-tsuku-bōshi:* «boshi» heißt «Hut», «tsukeru» bedeutet «aufsetzen, anziehen», aber diese Etymologie ist mehr als zweifelhaft.

59 *kannushi:* Shinto-Priester.

Ähnlichkeit . . . hat:* Eine verwandte Legende knüpft sich an den shiwan, ein kleines gelbes Insekt, welches Gurken vertilgt. Man sagt, der shiwan sei einstmals ein Arzt gewesen, der bei einem Liebeshandel ertappt, sein Leben durch die Flucht retten wollte, aber auf seinem Weg sich in einer Gurkenranke verstrickte, zu Boden fiel, eingeholt und getötet wurde. Sein Geist wurde ein Insekt, das die Gurkenranken vertilgt. In der Tier- und Pflanzenmythologie Japans begegnet man Legenden, die eine seltsame Ähnlichkeit mit den alten griechischen Erzählungen von Metamorphosen haben. Einige der bemerkenswertesten dieser Volkssagen sind jedoch erst in relativ moderner Zeit entstanden. Ein Beispiel dafür ist die in Nagato aufgefundene Legende von der «heikegani» genannten Krabbe. Man glaubt, die Seelen der Taira-Krieger, die in der großen Seeschlacht von Dan no ura (jetzt Seto-Nakai), 1185, gefallen sind, hätten sich in heikegani verwandelt. Der Panzer dieser heikegani ist so gefurcht, daß er wie ein grimmes Antlitz aussieht oder eigentlich auffallende Ähnlichkeit mit jenen schwarzen Visieren oder Masken hat, die die Krieger der Feudalzeit im Kampf trugen und die wie dräuende Gesichter geformt waren.

61 *Yakushi-Nyorai von Ichibata:* Buddha, der vor Unglück und Krankheiten schützt.

64 *uguisu:* Nachtigall.

65 *meido:* die Totenwelt.

Shide: Name der Totenwelt.

66 *honzon**: Unter honzon versteht man hier den heiligen kake mono oder das Bild, welches in den Tempeln nur an dem Geburtstage Buddhas, der auf den achten Tag des alten vierten Monats fällt, zur allgemeinen Ansicht ausgestellt wird. Honzon bedeutet auch das Hauptbild in einem buddhistischen Tempel.

71 *aburagé**: eine Art Pfannkuchen aus Bohnenmehl oder Tofu.

76 *«Tété» ... «Brust»**: Die Worte «Papa» und «Mama» existieren in der japanischen Kindersprache, aber diese Worte bedeuten nicht das, was man meinen sollte. «Mama», mit dem üblichen ehrfurchtsvollen ‹O› davor, o-mamma, bedeutet «gekochter Reis»; «Papa» bedeutet «Tabak».

77 *bōzu:* Priester.

Nichiren-Sekte: Der Priester Nichiren lebte von 1222 bis 1282.

LAFCADIO HEARN wurde am 27. Juni 1850 auf der griechischen Insel Lefkas geboren. Sein Vater, der Ire Charles Bush Hearn, diente als Militärarzt in der britischen Armee und wurde schon Anfang 1850 nach Britisch-Westindien versetzt. Erst im August 1852 konnte Lafcadio Hearn zusammen mit seiner Mutter, der Griechin Rosa Cassimatis, dorthin nachfolgen. Nach der Scheidung seiner Eltern, 1856, nimmt seine Tante Sarah Brenane den jungen Lafcadio in ihr Haus in Dublin auf. Seine Mutter sollte er nie mehr wiedersehen. 1862/63 besuchte er die «Institution Ecclésiastique» in Yvetot bei Rouen, danach bis 1867 das St. Cuthbert's College in Ushaw nahe Durham. 1869 wanderte Hearn in die Vereinigten Staaten aus.

In der prosperierenden Industriestadt Cincinnati verdiente sich Hearn seinen Lebensunterhalt zunächst als Gelegenheitsarbeiter, dann zunehmend mit Reportagen und Berichten für verschiedene Zeitungen, bevor er 1874 in die Redaktion des «Cincinnati Enquirer» eintrat. Ein Jahr später erhielt Hearn bei einem Konkurrenzblatt, dem «Cincinnati Commercial», eine Anstellung, nachdem er, wohl wegen seiner illegalen Heirat mit einer Mulattin, beim «Enquirer» entlassen worden war. Als diese Ehe jedoch scheiterte, floh Hearn 1877 die Hektik Cincinnatis und arbeitete als Korrespondent des «Commercial», dann als Redakteur des «Item» in New Orleans.

Hier, im Süden des Landes, fand Hearn mit seinen

Reportagen schließlich immer größere Anerkennung. Angesehene Blätter wie die «New York Tribune», «Harper's Weekly» und «Harper's Magazine» begannen seine Artikel nachzudrucken. Neben seiner journalistischen Arbeit konnte sich Hearn nun verstärkt seinen literarischen Interessen widmen. 1887 erschien der Band «Some Chinese Ghosts» mit Bearbeitungen chinesischer Erzählungen und 1889 sein Buch «Chita», die Geschichte einer jungen Kreolin. Von 1887 bis 1889 lebte er als freier Schriftsteller in St. Pierre auf Martinique. Ende 1889 kehrte Hearn in die Vereinigten Staaten zurück. In New York bereitete er eine große Reisereportage über Japan vor, die er für «Harper's Magazine» schreiben wollte: «Erstrebenswertes Ziel würde es sein, in der Seele des Lesers einen lebendigen Eindruck des *Lebens* in Japan zu schaffen – nicht einfach als Beobachter, sondern wie ein Mensch, der teilnimmt am Alltagsdasein der einfachen Leute und *der mit ihren Gedanken denkt.*»

Bald nach seiner Ankunft in Japan, am 4. Juli 1890, führten die schlechten finanziellen Bedingungen und der zeitlich zu eng bemessene Rahmen seines Auftrags zum Bruch mit dem Harper-Verlag. Der Japanologe Basil Hall Chamberlain verschaffte Hearn daraufhin eine Stelle als Englischlehrer an einer Mittelschule in Izumo. Gleichzeitig begann er über die Erfahrungen und Eindrücke in seiner neuen Wahlheimat zu schreiben. 1894 erschien in zwei Bänden sein erstes Japanbuch, «Glimpses of Unfamiliar Japan», dessen zweiter Band seine Betrachtung «In einem japanischen Garten» enthält. In den nächsten Jahren folgten weitere Bücher über Japan mit Reiseschilderungen, Alltagsbeschreibungen, Skizzen und Erzählungen, die alle ausschließlich in Amerika erschienen. Seine Bücher waren außerordentlich erfolgreich und machten ihn in seiner alten Heimat berühmt. 1891 heiratete Hearn die zwanzig Jahre jüngere Setsu Koizumi, die Tochter einer verarmten Samurai-Familie. 1895 erhielt er einen Ruf als Professor für englische Literatur an der Kaiserlichen Universität in Tokio. Nach der Geburt seines zweiten Sohnes Iwao im Jahr darauf, nahm Lafcadio Hearn die japanische Staatsbürgerschaft und den Namen Koizumi Yakumo an. Er starb am 26. September 1904.

Sein umfangreiches Werk – 1922 erschien eine sechzehnbändige Gesamtausgabe bei Houghton Mifflin Comp., Boston-New York – sicherten ihm in Europa, Amerika und Japan bis heute den Ruf als einer der besten Kenner der japanischen Kultur. Sein Freund und Mentor Basil Hall Chamberlain würdigte Lafcadio Hearns Werke in der 1905 veröffentlichten revidierten Ausgabe seines 1890 erstmals erschienenen Buches «Things Japanese» (deutsch: «ABC der japanischen Kultur», Manesse Verlag, Zürich 1990): «Lafcadio Hearn versteht das zeitgenössische Japan besser und macht es uns besser verständlich als irgendein anderer Schriftsteller, denn er liebt es mehr ... Es gibt nichts Japanisches ..., das diese wunderbaren Bücher nicht in das Licht von Poesie und Wahrheit tauchten.»

Die Illustrationen im Text wurden folgenden Bänden entnommen: Ludwig Bachhofer: «Die Kunst der japanischen Holzschnittmeister», München 1922: S. 27, 63, 75 (Nachbildungen von Holzschnitten der Korin-Schule; Ogata Korin, 1658–1716, Maler und Kunsthandwerker); S. 69 (Ichiryusai Hiroshige «Sperlinge und Kamelien im Schnee»).

«Japanese Ink Paintings», herausgegeben von Yoshiaki Shimizu und Carolyn Wheelright, Princeton 1976: S. 39 (Kōhoku Genchū «Lotos»; 16. Jhdt.).

«Sakutei-ki ou Le livre secret des jardins japonais», herausgegeben von P. und S. Rambach, Genf 1973: S. 11 («Der Garten des Tai Rei-in», 1830); S. 18/19 («Der Garten des Kinkaku-ji», 1830); S. 78/79 (verschwundener Garten; aus dem «Buch der Gärten von Kyōto», 1830).

Konrad Wiese: «Gartenkunst und Landschaftsgestaltung in Japan», Tübingen 1982: S. 49 (Miyako Rinsen «Teichgarten mit Teehaus»).

Unsere Ausgabe folgt dem Text aus dem Band «Izumo», Literarische Anstalt Rütten & Loening, Frankfurt/M. 1907. Die Übersetzung von Berta Franzos wurde im Vergleich mit dem Original leicht bearbeitet. Die Schreibweise der japanischen Namen und Begriffe richtet sich nach der heute üblichen Transkription.

D. L.

Diese Buchausgabe der *Manesse Bücherei*
wurde aus der Berthold Bembo gesetzt, im
Bogenoffset gedruckt und in Fadenheftung gebunden.
Alle verwendeten Materialien entsprechen
alterungsbeständiger Qualität, und die Papiere
sind chlor- und säuefrei.

Die Deutsche Bibliothek – CIP-Einheitsaufnahme

Hearn, Lafcadio:
In einem japanischen Garten : mit Holzschnitten
und Tuschzeichnungen alter japanischer Künstler /
Lafcadio Hearn.
Aus d. Engl. übertr. von Berta Franzos. –
Zürich: Manesse Verlag, 1997
(Manesse Bücherei; Bd. 39)
ISBN 3-7175-8171-6
NE: GT

Buchgestaltung
Brigitte und Hans Peter Willberg, Eppstein